AF365775

9 786144 025406

أَرْكانُ الإسْلام

كتابة، رسم وإخراج: سنا شهاب

أَرْكانُ الإِسْلامِ هِيَ أُصولُه، نُطيعُ اللهَ بِها.

أَرْكانُ الإِسْلامِ خَمْسَةٌ وهِيَ:

الشَّهادَتان

الصَّلاة

صَومُ رَمَضان

حَجُّ البَيْتِ
لِلمُسْتَطيع

الرُّكْنُ الأَوَّلُ

الشَّهادَتانِ أنْ أقول:

أشْهَدُ أنْ لا إلٰهَ إلّا الله، وأشْهَدُ أنّ مُحَمَّدًا رَسولُ الله.

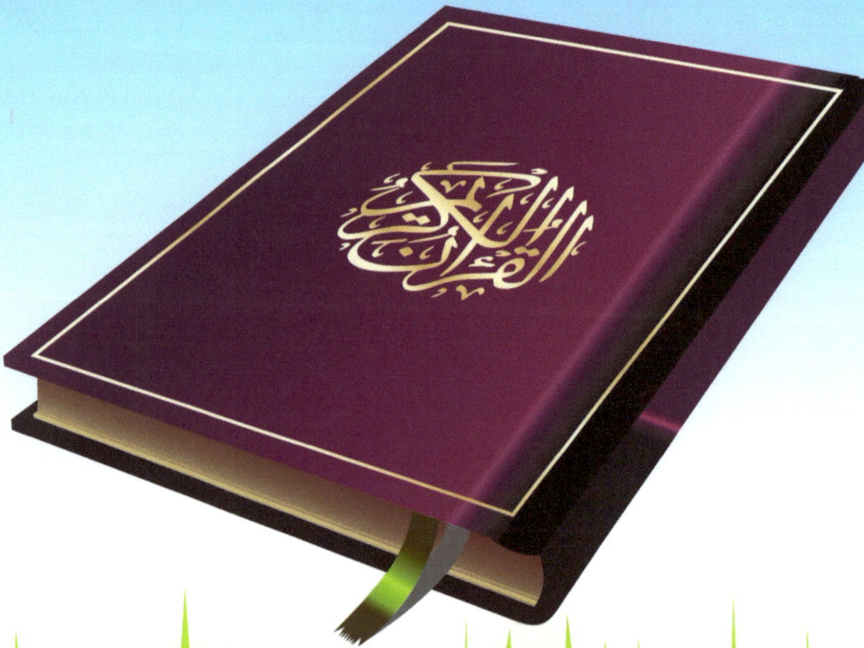

أَشْهَدُ أَنْ لا إِلٰهَ إِلا اللّٰه
وَأَشْهَدُ أَنَّ مُحَمَّدًا رَسُولُ اللّٰه

الرُّكنُ الثّاني

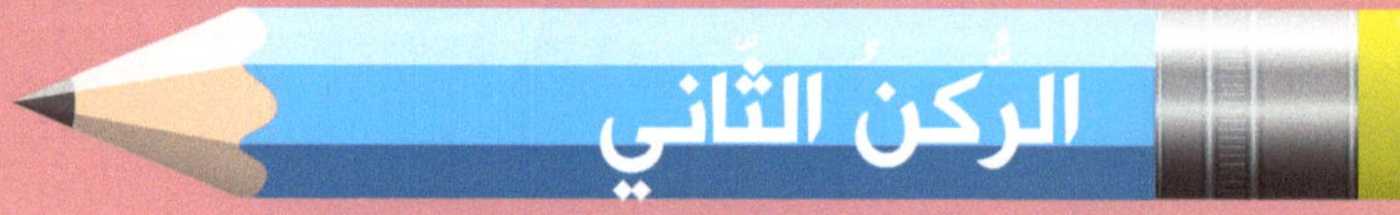

الصَّلاةُ هِيَ أنْ أُصَلّيَ خَمْسَ مَرّاتٍ للهِ تَعالى كُلَّ يَوْمٍ،
أتَوَضَّأُ قَبْلَ أنْ أُصَلِّيَ وأسْتَقْبِلَ القِبْلَةَ.

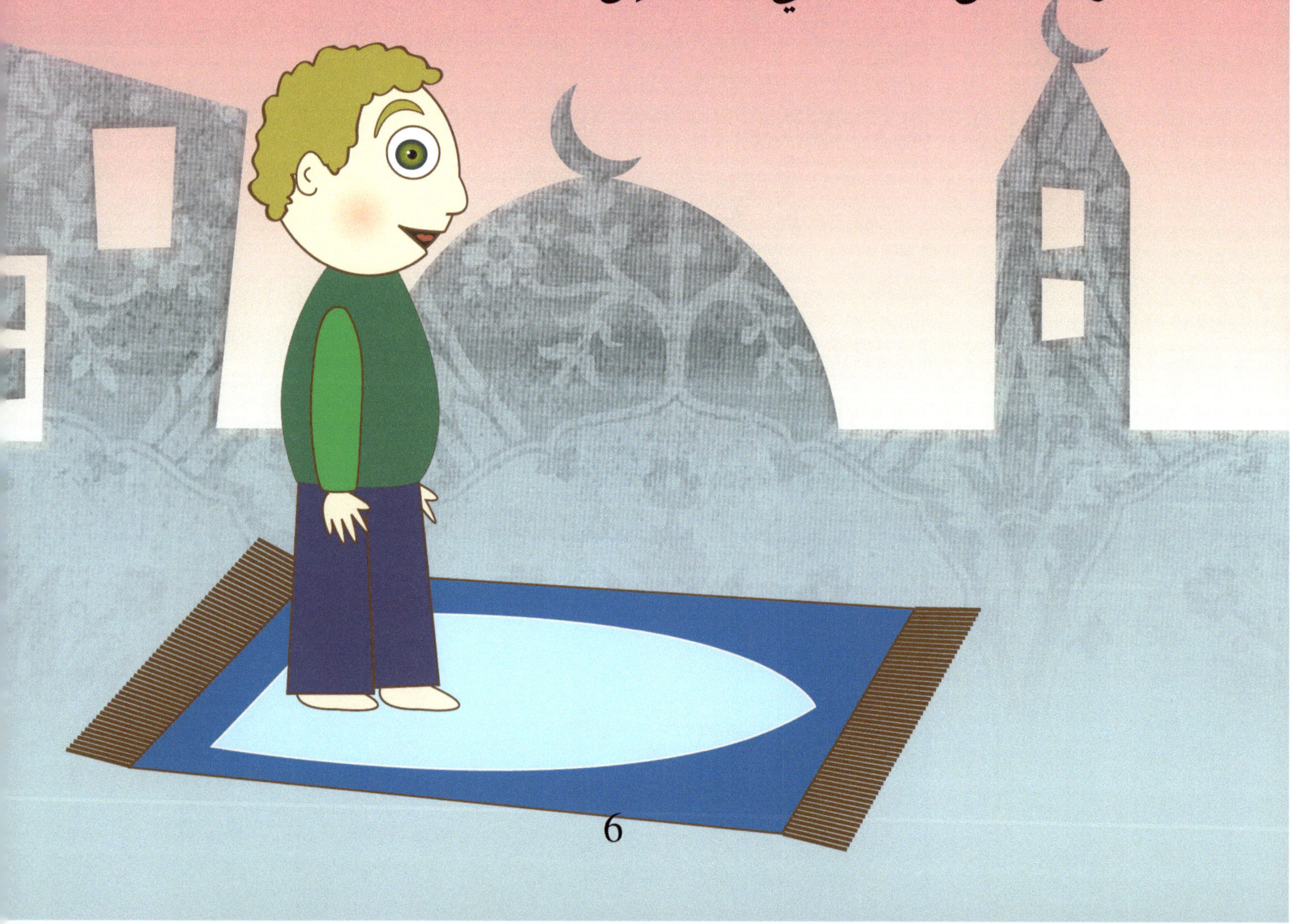

صَلاةُ الفَجْر
صَلاةُ الظُّهْر
صَلاةُ العَصْر
صَلاةُ المَغْرِب
صَلاةُ العِشاء

الرُّكْنُ الثّالِث

الزَّكاةُ هِيَ الصَّدَقَةُ الَّتي فَرَضَها اللهُ تَعالى لِنُساعِدَ بِها الفُقَراء، وهِيَ تَزْرَعُ الحُبَّ بَيْنَ النّاسِ وتُبْعِدُ الكُرْهَ والحَسَد.

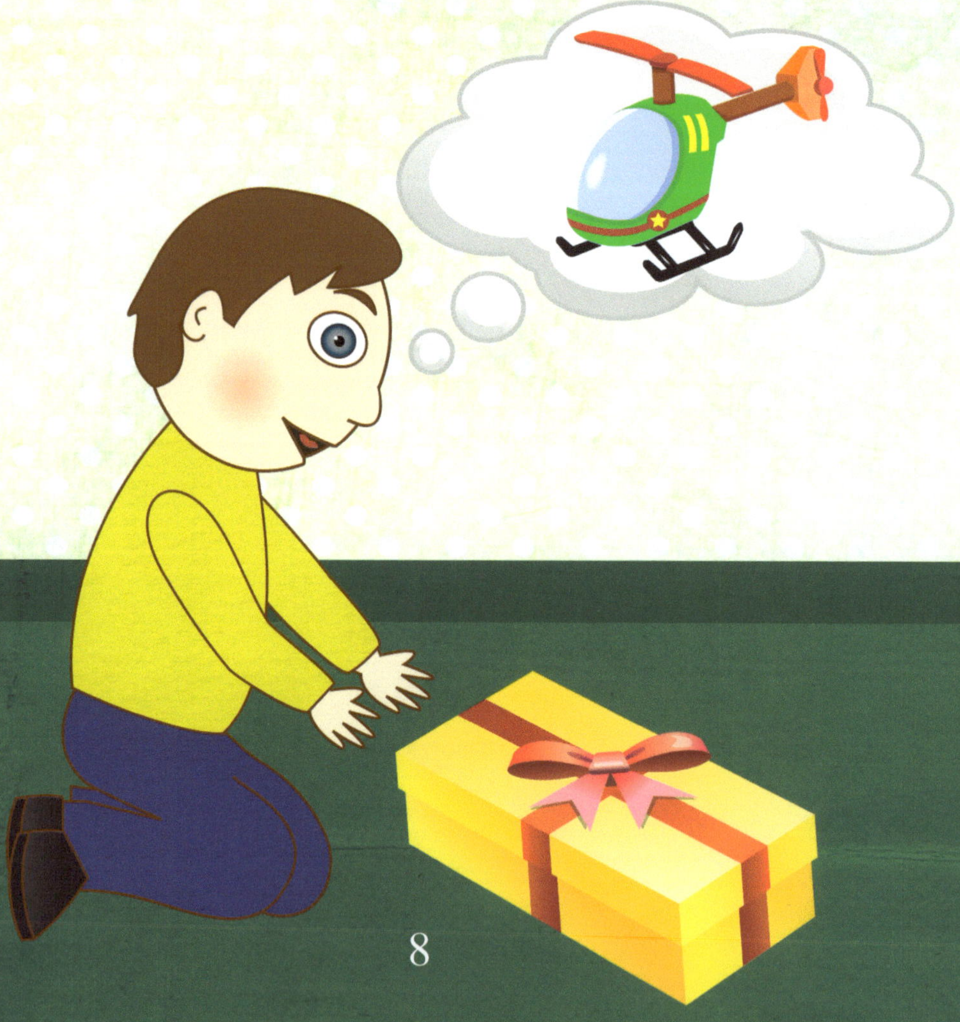

صَوْمُ رَمَضانَ هُوَ التَّوَقُّفُ عَنِ الأكْلِ والشُّرْبِ مِنَ الفَجْرِ حَتّى المَغْرِبِ في خِلالِ شَهْرِ رَمَضانَ المُبارَك.

أَذانُ المَغْرِب
11

الحَجُّ هُوَ أَنْ يَذْهَبَ المُسْلِمُ المُسْتَطِيعُ إِلَى بَيْتِ اللهِ الحَرَامِ. يَطُوفُ حَوْلَ الكَعْبَةِ وَيَسْعَى بَيْنَ الصَّفَا وَالمَرْوَةِ وَيَقِفُ بِعَرَفَةَ.

لَبَّيْكَ اللَّهُمَّ لَبَّيْكَ
لَبَّيْكَ اللَّهُمَّ لَبَّيْكَ
لَبَّيْكَ اللَّهُمَّ لَبَّيْكَ
لَبَّيْكَ اللَّهُمَّ لَبَّيْكَ
لَبَّيْكَ اللَّهُمَّ لَبَّيْكَ

رَسولُنا المُعَلِّمُ مُحَمَّدٌ صَلَّى اللهُ عَلَيْهِ وسَلَّمَ عَلَّمَنا أَرْكانَ الإِسْلامِ الخَمْسَةَ لِأَنَّهُ يُحِبُّنا ويُريدُ الخَيْرَ لَنا.

أنا أُحِبُّ أَرْكانَ الإسْلامِ فَهِيَ تُعَلِّمُني ديني وتُساعِدُني لِأكونَ مُسْلِمًا صالِحًا.

15